CASI GRINGOS

5TA EDICIÓN

GUÍA DE ESTUDIO DE LA CIUDADANÍA AMERICANA
INGLÉS - ESPAÑOL

VERSIÓN 2008

© COPYRIGHT. ALL RIGHTS RESERVED. 2016 - 2024.
WWW.CASIGRINGOS.COM

CASI GRINGOS

DESCARGO DE RESPONSABILIDAD:
Ninguna parte o partes de esta publicación pueden ser reproducidas, almacenadas o distribuidas en cualquier forma o por cualquier medio, ya sea electrónico, mecánico (fotocopias, escaneo, etc.) o de otra índole, sin previo consentimiento por escrito del autor, excepto la inclusión de breves citas en una reseña, o según lo permitido bajo la Sección 107 o 108 de la Ley de Derecho de Autor de Estados Unidos de 1976. En ambos casos habrá que citar siempre la fuente original. Las solicitudes de autorización deberán dirigirse a: info@casigringos.com.

El autor no asume ninguna responsabilidad respecto a la exactitud o integridad del contenido. La información incluida en este libro está basada en el estudio, la experiencia y los conocimientos del autor. El autor no se hace responsable del uso o uso inadecuado de la información en esta obra o de ningún tipo de beneficios, pérdidas o daños materiales o comerciales que puedan surgir, incluyendo pero no limitándose a daños especiales, incidentales con secuenciales u otros daños de cualquier índole.

DISCLAIMER:
No part or parts of this publication may be reproduced, stored or distributed in any form or by any means, whether electronic, mechanical (photocopying, scanning, etc.) or otherwise, without prior written consent of the author, except the inclusion of brief citations in a review, or as allowed under Section 107 or 108 of the United States Copyright Act of 1976. In both cases, the original source must always be cited. Authorization requests should be addressed to: info@casigringos.com.

The author assumes no responsibility for the accuracy or completeness of the content.
The information included in this book is based on the study, experience and knowledge of the author. The author is not responsible for the use or improper use of the information in this work or for any kind of benefits, losses, or material or commercial damages that may arise, including but not limited to special, incidental damages with sequential or other damages of any nature.

INDICE

- Autor 4
- Introducción 5
- 100 Preguntas y Respuestas de Cívica en Inglés 7
- Definiciones 23
- Lectura 31
- Lectura + Escritura 39
- Escritura 53
- Escritura + Vocabulario 63
- Vocabulario general 79
- 100 Preguntas y Respuestas de Cívica en Español 83
- Preguntas de Cívica (Excepción 65/20) en Español 99

AUDIO INCLUIDO
WWW.CASIGRINGOS.COM/AUDIOS

CASI GRINGOS
GUÍA DE ESTUDIO DE LA CIUDADANÍA AMERICANA.
INGLÉS - ESPAÑOL
(Versión 2008)

www.casigringos.com
5ta Edición / Versión 2008
info@casigringos.com

Autor
Brayan Raul Abreu Gil

Impresión, Distribución & Ventas
IngramSpark & Amazon

Editado & Publicado
MUNDO B.R.A.G. LLC.
www.mundobrag.com

2105 Vista Oeste St NW Suite E - 1021
Albuquerque, NM, 87120
+1 (805) 301-2050
info@mundobrag.com

B.R.A.G. ®
Marca Registrada
EUIPO-012256715

ISBN: 978-1-947410-01-5
Impreso en: EE.UU

Todos los Derechos Reservados.
Copyright © 2016 - 2024

B.R.A.G.®

Bienvenidos Casi Gringos

Guía de preparación y estudio para todos los latinos que están a punto de convertirse en ciudadanos americanos, en ella encontrarás toda la información que necesitas para solicitar la ciudadanía y prepararte para el examen y la entrevista.

Para convertirse en ciudadano americano, el día de su entrevista usted debe de aprobar el examen de naturalización realizado por un agente de inmigración. Durante la entrevista, usted debe contestar preguntas sobre su formulario N-400, a menos que sea elegible para una exención o una dispensa.

En el examen de Cívica que es oral, le preguntarán un aproximado de 10 preguntas de las 100 preguntas de Cívica de la Ciudadanía Americana, usted debe responder al menos 6 correctas para poder pasar satisfactoriamente la parte Cívica del examen, también le pedirán que lea y escriba una pequeña oración para comprobar su dominio con el Inglés, y tendrá que responder preguntas de su información personal de su N-400.

Si usted tiene 65 años de edad o más, y hace 20 años o más que es residente permanente legal de los Estados Unidos, quiero que sepa que el Servicio de Ciudadanía e Inmigración de los Estados Unidos provee una consideración especial en la prueba de civismo. Usted será elegible para tomar el examen de civismo en el idioma de su elección, como también se les concederá el beneficio de tener que estudiar solo 20 de las 100 preguntas de Cívica.

NOTAS

100 CIVICS QUESTIONS AND ANSWERS (2008 VERSION)

These questions cover important topics about American government and history. The civics test is an oral test and the USCIS officer will ask you to answer 6 out of the 100 civics test questions.

You must answer at least 6 questions (or 60%) correctly to pass the 2008 version of the civics test.

AUDIO INCLUIDO
WWW.CASIGRINGOS.COM/AUDIOS

AMERICAN GOVERNMENT

PRINCIPLES OF AMERICAN DEMOCRACY

1. What is the supreme law of the land?
- The Constitution

2. What does the Constitution do?
- Sets up the government
- Defines the government
- Protects basic rights of Americans

3. The idea of self-government is in the first three words of the Constitution. What are these words?
- We the People

4. What is an amendment?
- A change (to the Constitution)
- An addition (to the Constitution)

5. What do we call the first ten amendments to the Constitution?
- The Bill of Rights

6. What is one right or freedom from the First Amendment?
- Speech
- Religion
- Assembly
- Press
- Petition the government

7. How many amendments does the Constitution have?
- Twenty-seven (27)

8. What did the Declaration of Independence do?
- Announced our independence (from Great Britain)
- Declared our independence (from Great Britain)
- Said that the United States is free (from Great Britain)

9. What are two rights in the Declaration of Independence?
- Life
- Liberty
- Pursuit of happiness

10. What is freedom of religion?
- You can practice any religion, or not practice a religion

11. What is the economic system in the United States?
- Capitalist economy
- Market economy

12. What is the "rule of law"?
- Everyone must follow the law
- Leaders must obey the law
- Government must obey the law
- No one is above the law

SYSTEM OF GOVERNMENT

13. Name one branch or part of the government?
- Congress
- President
- The courts
- Legislative
- Executive
- Judicial

14. What stops one branch of government from becoming too powerful?
- Checks and balances
- Separation of powers

15. Who is in charge of the executive branch?
- The President

16. Who makes federal laws?
- Congress
- Senate and House (of Representatives)
- (U.S. or national) legislature

17. What are the two parts of the U.S. Congress?
- The Senate and House (of Representatives)

18. How many U.S. Senators are there?
- One hundred (100)

19. We elect a U.S. Senator for how many years?
- Six (6)

20. Who is one of your state's U.S. Senators now?
- Answers will vary. [District of Columbia residents and residents of U.S. territories should answer that D.C. (or the territory where the applicant lives) has no U.S. Senators.]

_____   _____

21. The House of Representatives has how many voting members?
- Four hundred thirty-five (435)

22. We elect a U.S. Representative for how many years?
- Two (2)

23. Name your U.S. Representative.
- Answers will vary. [Residents of territories with nonvoting Delegates or Resident Commissioners may provide the name of that Delegate or Commissioner. Also acceptable is any statement that the territory has no (voting) Representatives in Congress.]

_____   _____

24. Who does a U.S. Senator represent?
- All people of the state

25. Why do some states have more Representatives than other states?
- (because of) the state's population
- (because) they have more people
- (because) some states have more people

26. We elect a President for how many years?
- Four (4)

27. In what month do we vote for President?
- November

28. What is the name of the President of the United States now?
- Visit uscis.gov/citizenship/testupdates for the name of the President of the United States.

_____   _____

29. What is the name of the Vice President of the United States now?
- Visit uscis.gov/citizenship/testupdates for the name of the Vice President of the United States.

_____   _____

30. If the President can no longer serve, who becomes President?
- The Vice President

31. If both the President and the Vice President can no longer serve, who becomes President?
- The Speaker of the House

32. Who is the Commander in Chief of the military?
- The President

33. Who signs bills to become laws?
- The President

34. Who vetoes bills?
- The President

35. What does the President's Cabinet do?
- Advises the President

36. What are two Cabinet-level positions?
- Secretary of Agriculture

- Secretary of Commerce
- Secretary of Defense
- Secretary of Education
- Secretary of Energy
- Secretary of Health and Human Services
- Secretary of Homeland Security
- Secretary of Housing and Urban Development
- Secretary of the Interior
- Secretary of Labor
- Secretary of State
- Secretary of Transportation
- Secretary of the Treasury
- Secretary of Veterans Affairs
- Attorney General
- Vice President

37. What does the judicial branch do?
- Reviews laws
- Explains laws
- Resolves disputes (disagreements)
- Decides if a law goes against the Constitution

38. What is the highest court in the United States?
- The Supreme Court

39. How many justices are on the Supreme Court?
- Visit uscis.gov/citizenship/testupdates for the number of justices on the Supreme Court.

_____   _____

40. Who is the Chief Justice of the United States now?
- Visit uscis.gov/citizenship/testupdates for the name of the Chief Justice of the United States.

_____   _____

100 CIVIC QUESTION

41. Under our Constitution, some powers belong to the federal government. What is one power of the federal government?
- To print money
- To declare war
- To create an army
- To make treaties

42. Under our Constitution, some powers belong to the states. What is one power of the states?
- Provide schooling and education
- Provide protection (police)
- Provide safety (fire departments)
- Give a driver's license
- Approve zoning and land use

43. Who is the Governor of your state now?
- Answers will vary. [District of Columbia residents should answer that D.C. does not have a Governor.]

_____   _____

44. What is the capital of your state?
- Answers will vary. [District of Columbia residents should answer that D.C. is not a state and does not have a capital. Residents of U.S. territories should name the capital of the territory.]

_____   _____

45. What are the two major political parties in the United States?
- Democratic and Republican

46. What is the political party of the President now?
- Visit uscis.gov/citizenship/testupdates for the political party of the President.

_____   _____

47. What is the name of the Speaker of the House of Representatives now?
- Visit uscis.gov/citizenship/testupdates for the name of the Speaker of the House of Representatives.

RIGHTS AND RESPONSIBILITIES

48. There are four amendments to the Constitution about who can vote. Describe one of them.
- Citizens eighteen (18) and older (can vote)
- You don't have to pay (a poll tax) to vote
- Any citizen can vote. (Women and men can vote)
- A male citizen of any race (can vote)

49. What is one responsibility that is only for United States citizens?
- Serve on a jury
- Vote in a federal election

50. Name one right only for United States citizens.
- Vote in a federal election
- Run for federal office

51. What are two rights of everyone living in the United States?
- Freedom of expression
- Freedom of speech
- Freedom of assembly
- Freedom to petition the government
- Freedom of religion
- The right to bear arms

52. What do we show loyalty to when we say the Pledge of Allegiance?
- The United States
- The flag

100 CIVIC QUESTION

53. What is one promise you make when you become a United States citizen?
- Give up loyalty to other countries
- Defend the Constitution and laws of the United States
- Obey the laws of the United States
- Serve in the U.S. military (if needed)
- Serve (do important work for) the nation (if needed)
- Be loyal to the United States

54. How old do citizens have to be to vote for President?
- Eighteen (18) and older

55. What are two ways that Americans can participate in their democracy?
- Vote
- Join a political party
- Help with a campaign
- Join a civic group
- Join a community group
- Give an elected official your opinion on an issue
- Call Senators and Representatives
- Publicly support or oppose an issue or policy
- Run for office
- Write to a newspaper

56. When is the last day you can send in federal income tax forms?
- April 15

57. When must all men register for the Selective Service?
- At age eighteen (18)
- Between eighteen (18) and twenty-six (26)

AMERICAN HISTORY COLONIAL PERIOD AND INDEPENDENCE

58. What is one reason colonists came to America?
- Freedom
- Political liberty
- Religious freedom
- Economic opportunity

- Practice their religion
- Escape persecution

59. Who lived in America before the Europeans arrived?
- American Indians
- Native Americans

60. What group of people was taken to America and sold as slaves?
- Africans
- People from Africa

61. Why did the colonists fight the British?
- Because of high taxes (taxation without representation)
- Because the British army stayed in their houses (boarding, quartering)
- Because they didn't have self-government

62. Who wrote the Declaration of Independence?
- (Thomas) Jefferson

63. When was the Declaration of Independence adopted?
- July 4, 1776

64. There were 13 original states. Name three.
- New Hampshire
- Massachusetts
- Rhode Island
- Connecticut
- New York
- New Jersey
- Pennsylvania
- Delaware
- Maryland
- Virginia
- North Carolina
- South Carolina
- Georgia

65. What happened at the Constitutional Convention?
- The Constitution was written.
- The Founding Fathers wrote the Constitution.

66. When was the Constitution written?
- 1787

67. The Federalist Papers supported the passage of the U.S. Constitution. Name one of the writers.
- (James) Madison
- (Alexander) Hamilton
- (John) Jay
- Publius

68. What is one thing Benjamin Franklin is famous for?
- U.S. diplomat
- Oldest member of the Constitutional Convention
- First Postmaster General of the United States
- Writer of "Poor Richard's Almanac"
- Started the first free libraries

69. Who is the "Father of Our Country"?
- (George) Washington

70. Who was the first President?
- (George) Washington

71. What territory did the United States buy from France in 1803?
- The Louisiana Territory
- Louisiana

72. Name one war fought by the United States in the 1800s.
- War of 1812
- Mexican-American War
- Civil War
- Spanish-American War

73. Name the U.S. war between the North and the South.
- The Civil War
- The War between the States

74. Name one problem that led to the Civil War.
- Slavery
- Economic reasons
- States' rights

75. What was one important thing that Abraham Lincoln did?
- Freed the slaves (Emancipation Proclamation)
- Saved (or preserved) the Union
- Led the United States during the Civil War

76. What did the Emancipation Proclamation do?
- Freed the slaves
- Freed slaves in the Confederacy
- Freed slaves in the Confederate states
- Freed slaves in most Southern states

77. What did Susan B. Anthony do?
- Fought for women's rights
- Fought for civil rights

RECENT AMERICAN HISTORY AND OTHER IMPORTANT HISTORICAL INFORMATION

78. Name one war fought by the United States in the 1900s.
- World War I
- World War II
- Korean War
- Vietnam War
- (Persian) Gulf War

79. Who was President during World War I?
- (Woodrow) Wilson

80. Who was President during the Great Depression and World War II?
- (Franklin) Roosevelt

81. Who did the United States fight in World War II?
- Japan, Germany, and Italy

82. Before he was President, Eisenhower was a general. What war was he in?
- World War II

100 CIVIC QUESTION

83. During the Cold War, what was the main concern of the United States?
- Communism

84. What movement tried to end racial discrimination?
- Civil rights (movement)

85. What did Martin Luther King, Jr. do?
- Fought for civil rights
- Worked for equality for all Americans

86. What major event happened on September 11, 2001, in the United States?
- Terrorists attacked the United States.

87. Name one American Indian tribe in the United States.
USCIS Officers will be supplied with a list of federally recognized American Indian tribes.
- Cherokee
- Chippewa
- Apache
- Blackfeet
- Arawak
- Huron
- Crow
- Inuit
- Navajo
- Choctaw
- Iroquois
- Seminole
- Shawnee
- Oneida
- Teton
- Sioux
  Pueblo
- Creek
- Cheyenne
- Mohegan
- Lakota
- Hopi

GEOGRAPHY

88. Name one of the two longest rivers in the United States.
- Missouri (River)
- Mississippi (River)

89. What ocean is on the West Coast of the United States?
- Pacific (Ocean)

90. What ocean is on the East Coast of the United States?
- Atlantic (Ocean)

91. Name one U.S. territory.
- Puerto Rico
- U.S. Virgin Islands
- American Samoa
- Northern Mariana Islands
- Guam

92. Name one state that borders Canada.
- Maine
- Vermont
- Pennsylvania
- Michigan
- North Dakota
- Idaho
- Alaska
- New Hampshire
- New York
- Ohio
- Minnesota
- Montana
- Washington

93. Name one state that borders Mexico.
- California
- Arizona
- New Mexico
- Texas

94. What is the capital of the United States?
- Washington, D.C.

95. Where is the Statue of Liberty?
- New York (Harbor)
- Liberty Island
[Also acceptable are New Jersey, near New York City, and on the Hudson (River).]

SYMBOLS

96. Why does the flag have 13 stripes?
- Because there were 13 original colonies
- Because the stripes represent the original colonies

97. Why does the flag have 50 stars?
- Because there is one star for each state
- Because each star represents a state

- Because there are 50 states

98. What is the name of the national anthem?
- The Star-Spangled Banner

HOLIDAYS

99. When do we celebrate Independence Day?
- July 4

100. Name two national U.S. holidays.
- New Year's Day
- Presidents' Day
- Independence Day
- Columbus Day
- Thanksgiving
- Martin Luther King, Jr. Day
- Memorial Day
- Labor Day
- Veterans Day
- Christmas

NOTAS

DEFINICIONES

A continuación veras todas las posibles definiciones de palabras que te pueden preguntar en la entrevista, las marcadas con un asterisco son las más comunes. Estas definiciones no siempre las preguntan pero es mejor ir preparado.

1. **Advocate, advocated** / defensor. — **like or support an idea** / me gusta o apoyo una idea.

★ 2. **Allegiance** / lealtad. — **loyalty** / lealtad.

3. **Armed forces** / fuerzas armadas. — **army, military** / ejército, militar.

★ 4. **Arrested** / detenido. — **put into jail, arrested by the police** / encarcelado, detenido por la policía.

5. **Bear arms** / llevar armas. — **carry a gun; to protect United States** / llevar una pistola; para proteger a los Estados Unidos.

6. **Called yourself a 'non-U.S. resident on income tax** / se llamó a si mismo un "no estadounidense residente en el impuesto sobre la renta. — **lie and say you have no green card** / miente y dice que no tiene tarjeta verde.

7. **Cited, citation** / citado, citación. — **required to go to court (traffic ticket)** / requerido ir a la corte (ej. multa de tráfico).

8. **Civilian** / civil. — **a person not in the Army** / una persona que no está en el ejército.

9. **Claim to be a US citizen** / afirmar ser ciudadano estadounidense. — **lie and say you are a citizen, pretend to be a citizen** / mentir y decir que es ciudadano; pretender ser ciudadano.

10. **Conscript** / conscripto. — **force someone to join a group** / obligar a alguien a unirse a un grupo.

11. **Constitution** / constitución. — **the supreme law of the land** / la ley suprema de la tierra.

12. **Combat** / combate. — **fighting** / lucha.

DEFINICIONES

* 13. **Communist Party, Communism** / partido comunista, comunismo. • **no freedom, a political party with no freedom** / sin libertad, un partido político sin libertad.

* 14. **Crime** / crimen. • **something illegal, break the law** / algo ilegal; violar la ley.

* 15. **Deported, Deportation** / deportado, deportación. • **sent back to your country by Immigration** / enviado de regreso a su país por inmigración.

16. **Detention facility** / centro de detención. • **jail, a place where people are forced to stay** / cárcel, un lugar donde las personas se ven obligadas a quedarse.

* 17. **Discrimination** / discriminación. • **to be unfair to people of different race** / ser injusto con personas de diferente raza.

* 18. **Drunkard/alcoholic** / borracho, alcohólico. • **someone who drinks too much alcohol** / alguien que bebe demasiado alcohol.

19. **Enlist** / conseguir. • **sign up someone to a group** / inscribir a alguien en un grupo.

20. **Failed to file taxes** / no presentó los impuestos. • **did not send your required tax form** / no envió el formulario de impuestos requerido.

* 21. **File taxes** / declarar impuestos. • **pay taxes; send in your income tax form** / pagar impuestos; envíe su formulario de impuesto sobre la renta.

22. **Force someone to have a sexual relation** / obligar a alguien a tener una relación sexual. • **rape** / violación.

23. **Fraudulent** / fraudulento. • **misleading, false** / engañoso; falso.

WWW.CASIGRINGOS.COM

* 24. **Gamble, gambling** / apuesta, juego. • **play games with money** / jugar con dinero.

* 25. **Genocide** / genocidio. • **killing a large group of people** / matar a un gran grupo de personas.

* 26. **Guerilla group** / grupo guerrillero. • **a group that uses weapons against the government, the military, police or other people** / un grupo que usa armas contra el gobierno, el ejército, la policía u otras personas.

27. **Help someone enter illegally** / ayudar a alguien a ingresar ilegalmente. • **smuggle someone in to the country** / pasar de contrabando a alguien al país.

28. **Illegal** / ilegal. • **against the law** / contra la ley. **illigal drugs or narcotics, like**

29. **Illegal drugs** / drogas ilegales. • **cocaine** / drogas ilegales o narcóticos, como la cocaína.

30. **Insurgent organization** / organización insurgente. • **a group that uses weapons against the government** / un grupo que usa armas contra el gobierno.

* 31. **Jail** / cárcel. • **prison, a place for criminal** / **prisión**, un lugar para delincuentes.

32. **Kill** / matar. • **make someone die** / hacer morir a alguien.

* 33. **Labor camp** / campo de trabajo. • **a place where people are forced to work** / un lugar donde las personas se ven obligadas a trabajar.

34. **Law enforcement officer** / agente de la ley. • **police** / policía.

DEFINICIONES

* 35. **Lie** / mentira. — **not the truth** / no es la verdad.

36. **Loyal** / leal. — **give allegiance** / dar lealtad.

* 37. **Mental institution, Mental hospital** / institución mental, hospital mental. — **a place for people with mental problems** / un lugar para personas con problemas mentales.

* 38. **Militia** / milicia. — **an unofficial army** / un ejército no oficial.

39. **Misrepresentation** / tergiversación. — **tell a lie, give false information** / decir una mentira; dar información falsa.

40. **Nazi** / nazi. — **Hitler** / hitler.

41. **Noncombatant** / no combatiente. — **not fighting** / no pelear.

42. **Nonresident** / no residente. — **not a resident, does not have a green card** / no residente, no tiene una tarjeta verde.

* 43. **Oath** / juramento. — **swear, promise** / jurar, promesa.

* 44. **Oath of Allegiance** / juramento de lealtad. — **a promise to be loyal to the United States** / una promesa de ser leal a los Estados Unidos.

45. **Overdue** / atrasado. — **late** / tarde.

46. **Overthrow the government by force or violence** / derrocar al gobierno por la fuerza o la violencia. — **change the government with guns** / cambiar el gobierno con armas.

47. **Owe taxes** / debe impuestos. — **did not pay the required taxes** / no pagó los impuestos requeridos.

48. **Paramilitary unit** / unidad paramilitar.
• **civilians organized to help the army in a military way** / civiles organizados para ayudar al ejército de manera militar.

49. **Persecuted, persecution** / perseguido, persecución.
• **hurt someone because they have a different race or religion** / lastimar a alguien porque tiene una raza o religión diferente.

50. **Placed in an alternative sentencing or rehabilitative program** / colocado en un programa alternativo de sentencia o rehabilitación.
• **go to rehab or a special hospital instead of jail** / ir a rehabilitación o un hospital especial en lugar de la cárcel.

51. **Police unit** / unidad de policía.
• **law officers** / oficiales de la ley.

52. **Prison camp** / campo de prisioneros.
• **a camp to punish political prisoners** / un campo para castigar a prisioneros políticos.

★ 53. **Prostitute, Prostitution** / prostituta / prostitución.
• **sex for money** / sexo por dinero.

★ 54. **Rebel group** / grupo rebelde.
• **a group that fights against the government** / un grupo que lucha contra el gobierno.

55. **Received a suspended sentence, been placed on probation, been paroled** / recibió una sentencia suspendida, fue puesto a prueba, fue puesto en libertad condicional.
• **have an early release from jail or have a warning period** / tener una liberación anticipada de la cárcel o tener un período de advertencia.

56. **Recruit** / reclutar.
• **ask someone to join a group** / pedirle a alguien que se una a un grupo.

57. **Registered to vote** / registrado para votar.
• **sign up to vote; apply to vote** / registrarse para votar; aplicar para votar.

DEFINICIONES

58. **Religion** / religión. • **believe in God** / creer en Dios.

59. **Renounce** / renunciar. • **give up** / darse por vencido.

60. **Self-defense unit** / unidad de autodefensa. • **a group of people who self-police their area** / un grupo de personas que vigilan su área.

★ 61. **Smuggled** / de contrabando. • **hide and bring something illegal** / esconderse y traer algo ilegal.

★ 62. **Terrorist** / terrorista. • **a violent person angry about the government; example Bin Laden, ISIS** / una persona violenta enojada por el gobierno; ejemplo Bin Laden, ISIS.

63. **Threaten** / amenazar. • **tell someone you plan to hurt him** / decirle a alguien que planea lastimarlo.

64. **Title of nobility in any foreign country** / título de nobleza en cualquier país extranjero. • **example is a King, Queen, Prince, Duque** / ejemplo es un Rey, Reina, Príncipe, Duque.

★ 65. **Torture** / tortura. • **bring terrible pain to someone** / traer dolor terrible a alguien.

66. **Totalitarian party** / partido totalitario. • **no freedom, the government totally controls the people** / sin libertad; el gobierno controla totalmente a la gente.

★ 67. **Truth** / verdad. • **not a lie** / no una mentira.

68. **Vigilant unit** / unidad vigilante. • **people who act like police but are not police** / personas que actúan como policías pero no son policías.

★ 69. **Violence** / violencia.   • **use force or a weapon to hurt someone** / usar la fuerza o un arma para lastimar a alguien.

★ 70. **Vote** / votar.   • **vote is to elect** / votar es elegir, (líder o ley)

71. **Weapon** / arma   • **a gun, knife, club, or bomb used for attacking or self defending** / arma, cuchillo, garrote o bomba utilizada para atacar o defenderse.

OTRAS DEFINICIONES

_____   _____
_____   _____
_____   _____
_____   _____
_____   _____
_____   _____
_____   _____
_____   _____
_____   _____
_____   _____
_____   _____
_____   _____

LECTURA

Practica la lectura hasta que lo domines, oraciones basadas en ejemplos reales.

AUDIO INCLUIDO
WWW.CASIGRINGOS.COM/AUDIOS

1. What is the capital of the United States?
Cuál es la capital de los Estados Unidos?
R/
Washington D.C. is the capital of the United States.
Washington D.C. es la capital de los Estados Unidos.

2. Who was George Washington?
Quién fue George Washington?
R/
Washington was the first President.
Washington fue el primer presidente.

3. What are the colors of the American flag?
Cuáles son los colores de la bandera estadounidense?
R/
The flag is red, white and blue.
La bandera es roja, blanca y azul.

4. Who was Abraham Lincoln?
Quién fue Abraham Lincoln?
R/
Lincoln was President during the Civil War.
Lincoln fue presidente durante la Guerra Civil.

5. When is Flag Day?
Cuándo es el día de la bandera?
R/
Flag Day is in June.
El día de la bandera es en junio.

6. When is Memorial Day?
Cuándo es el día de los caídos?
R/
Memorial Day is in May.
Memorial Day es en Mayo.

7. What was the first U.S capital?
Cuál fue la primera capital de EE. UU.?
R/
New York city was the first capital.
La ciudad de Nueva York fue la primera capital.

8. Who elects Congress?
Quién elige el Congreso?
R/
The people elect Congress.
La gente elige el Congreso.

9. How many states do we have?
Cuántos estados tenemos?
R/
The United States has 50 states.
Estados Unidos tiene 50 estados.

10. What state has the most people?
Qué estado tiene más gente?
R/
California has the most people.
California tiene la mayoría de la gente.

11. How many senators do we have?
Cuántos senadores tenemos?
R/
We have 100 Senators.
Tenemos 100 senadores.

12. What country is north of the United State?
Qué país está al norte de los Estados Unidos?
R/
Canada is north of the United States.
Canadá está al norte de los Estados Unidos.

13. Where does Congress meet?
Dónde se reúne el Congreso?
R/
Congress meets in Washington D.C.
El Congreso se reúne en Washington D.C.

14. What is the largest state?
Cuál es el estado más grande?
R/
Alaska is the largest state.
Alaska es el estado más grande.

15. When do we vote for President?
Cuándo votamos por el Presidente?
R/
We vote for President in November.
Votamos por el Presidente en Noviembre.

16. What country is south of the United States?
Qué país está al sur de los Estados Unidos?
R/
Mexico is south of the United States.
México se encuentra al sur de los Estados Unidos.

17. Where does the President live?
Dónde vive el presidente?
R/
The President live in the White House.
El Presidente vive en la Casa Blanca.

18. Who lived here first?
Quién vivió aquí primero?
R/
American Indians lived here first.
Los indios americanos vivieron aquí primero.

19. Where is the White House?
Donde esta la Casa Blanca?
R/
The White House is in Washington D.C.
La Casa Blanca está en Washington D.C.

20. Why do people come to America?
Por qué la gente viene a América?
R/
People come here to be free.
La gente viene aquí para ser libre.

21. When is Labor Day?
Cuándo es el día del trabajo?
R/
Labor Day is in September.
El día del trabajo es en septiembre.

22. When is Columbus Day?
Cuándo es el día de Colón?
R/
Columbus Day is in October.
El día de Colón es en Octubre.

23. What do we have to pay to the government?
Qué tenemos que pagar al gobierno?
R/
We have to pay taxes.
Nosotros tenemos que pagar impuestos.

24. When is Thanksgiving ?
Cuando es Acción de Gracias ?
R/
Thanksgiving is in November.
El día de Acción de Gracias es en Noviembre.

25. What do people want?
Qué quiere la gente?
R/
People want to vote.
La gente quiere votar.

26. What was the first U.S. state?
Cuál fue el primer estado de EE. UU.?
R/
Delaware was the first state.
Delaware fue el primer estado.

27. Who can vote?
Quién puede votar?
R/
Citizens can vote.
Los ciudadanos pueden votar.

28. Who is the Father of Our Country?
Quién es el padre de nuestro país?
R/
Washington is the Father of Our Country.
Washington es el padre de nuestro país.

29. Who was the first President?
Quién fue el primer presidente?
R/
Washington was the first President.
Washington fue el primer presidente.

30. When is Independence Day?
Cuando es el día de la Independencia?
R/
Independence Day is in July.
El día de la Independencia es en Julio.

31. Who lives in the White House?
Quién vive en la Casa Blanca?
R/
The President lives in the White House.
El presidente vive en la Casa Blanca.

32. What President is on the dollar bill?
Qué presidente está en el billete de un dólar?
R/
Washington is on the dollar bill.
Washington está en el billete de un dólar.

33. Who was the second President of the United States?
Quién fue el segundo Presidente de los Estados Unidos?
R/
Adams was the second President of the United States.
Adams fue el segundo presidente de los Estados Unidos.

34. When is Presidents Day?
Cuándo es el día del presidente?
R/
Presidents Day is in February.
El día del Presidente es en Febrero.

35. What is one right in the United States?
Cuál es un derecho en los Estados Unidos?
R/
Freedom of speech is one right in the United States.
La libertad de expresión es un derecho en los Estados Unidos.

36. Who elects the President of the United States?
Quién elige al presidente de los Estados Unidos?
R/
Citizens elect the President of the United States.
Los ciudadanos eligen al presidente de los Estados Unidos.

NOTAS

LECTURA

LECTURA + ESCRITURA

Este ejercicio de escribir la misma palabra varias veces, te ayudara a recordar con mayor facilidad el contenido, importante tanto para la lectura como para la escritura en general.

a

American Flag

Abraham Lincoln

are

America

be

LECTURA

Bill of Rights

citizen

can

city

capital

colors

Columbus Day

_____
_____
_____
_____
_____

come

_____
_____
_____
_____
_____

Congress

_____
_____
_____
_____
_____

country

_____
_____
_____
_____
_____

do

_____
_____
_____
_____
_____

does

_____
_____
_____
_____
_____

dollar bill

_____
_____
_____
_____
_____

elects

_____
_____
_____
_____
_____

Fathers of Our Country

_____
_____
_____
_____
_____

first

_____
_____
_____
_____
_____

Flag Day

_____
_____
_____
_____
_____

for

_____
_____
_____
_____
_____

George Washington

have

government

here

has

How

LECTURA

in	Labor Day

Independence Day	largest

is	lived

lives

Memorial Day

many

most

meet

name

north

of

on

one

pay

people

President

second

Presidents Day

Senators

right

south

state

the

states

to

Thanksgiving

United States

U.S.

was

vote

we

want

What

When

Who

Where

Why

White House

NOTAS

ESCRITURA

Practica la escritura hasta que lo domines, oraciones basadas en ejemplos reales.

AUDIO INCLUIDO
WWW.CASIGRINGOS.COM/AUDIOS

1. The President lives in the White House.
El Presidente vive en la Casa Blanca.

_____

_____

_____

2. United States citizens have the right to vote.
Los ciudadanos de los Estados Unidos tienen el derecho de votar.

_____

_____

_____

3. The United States has fifty states.
Estados Unidos tiene cincuenta estados.

_____

_____

_____

4. The White House is in Washington D.C.
La Casa Blanca esta en Washington D.C.

_____

_____

_____

_____

ESCRITURA

5. Congress meets in Washington D.C.
El Congreso se reúne en Washington D.C.

_____

_____

_____

6. People vote for the President in November.
Las personas votan para elegir al Presidente en Noviembre.

_____

_____

_____

7. The President lives in Washington D.C.
El Presidente vive en Washington D.C.

_____

_____

_____

8. Adams was the second President.
Adams fue el segundo Presidente.

_____

_____

_____

9. Alaska is the largest state.
Alaska es el estado más grande.

10. Canada is to the north of the United States.
Canadá se localiza al norte de los Estado Unidos.

11. Columbus Day is in October.
El día de Cristobal Colon (Columbus) es en Octubre.

12. Delaware was the first state of United States.
Delaware fue el primer estado de los Estados Unidos.

ESCRITURA

13. Washington was the first President.
Washington fue el primer Presidente.

_____
_____
_____

14. Independence Day is in July.
El día de la Independencia es en Julio.

_____
_____
_____

15. Labor Day is in September.
El día del Trabajo es en Septiembre.

_____
_____
_____

16. Lincoln was the President during the Civil War.
Lincoln era el Presidente durante la Guerra Civil.

_____
_____
_____
_____

17. Memorial Day is in May.
El día de la Recordación es en Mayo.

_____

_____

_____

18. Mexico is to the south of the United States.
México se localiza al sur de los Estados Unidos.

_____

_____

_____

19. New York city was the first capital.
La ciudad de Nueva York fue la primera capital.

_____

_____

_____

20. New York city has the most people.
La ciudad de Nueva York es la más poblada.

_____

_____

_____

ESCRITURA

21. Presidents Day is in February.
El día de los Presidentes es en Febrero.

_____

_____

22. Thanksgiving is in November.
El día de Acción de Gracias es en Noviembre.

_____

_____

23. The capital of the United States is Washington D.C.
La capital de los Estados Unidos es Washington D.C.

_____

_____

24. The citizens elect Congress.
Los ciudadanos eligen el Congreso.

_____

_____

25. The United States has 100 senators.
Los Estados Unidos tienen 100 senadores.

26. President Washington is on the one-dollar bill.
El Presidente Washington aparece en el billete de un dolar.

27. President Washington is the Father of Our Country.
El Presidente Washington es el padre de nuestra nación.

28. The United States flag is red, white and blue.
La bandera de los Estados Unidos es roja, blanca y azul.

ESCRITURA

29. We the people of the United States.
Nosotros, el pueblo de los Estados Unidos.

_____

_____

_____

30. Congress has 100 senators.
El Congreso tiene 100 senadores.

_____

_____

_____

31. American Indians lived here first.
Los Indios Americanos vivieron aquí primero.

_____

_____

_____

32. Flag Day is in June.
El día de la Bandera es en Junio.

_____

_____

_____

NOTAS

ESCRITURA

ESCRITURA + VOCABULARIO

Practica la escritura hasta que lo domines, palabras basadas en el vocabulario general de la entrevista.

Adams | **and**

Alaska | **be**

American Indians | **blue**

ESCRITURA

California

capital

can

citizens

Canada

Civil War

Columbus Day

Delaware

come

dollar bill

Congress

during

ESCRITURA

elect

fifty

Father of Our Country

50

February

first

flag

Flag Day

for

free

freedon of speech

has

ESCRITURA

have

Independence Day

here

is

in

July

June	Lincoln

Labor Day	lived

largest	lives

ESCRITURA

May

Mexico

meets

most

Memorial Day

New York City

north

of

November

on

October

one

ESCRITURA

one hundred

people

100

President

pay

Presidents Day

red

Senators

right

September

second

south

ESCRITURA

state	**Thanksgiving**
states	**the**
taxes	**to**

United States

_____
_____
_____
_____
_____
_____

vote

_____
_____
_____
_____
_____
_____

want

_____
_____
_____
_____
_____
_____

was

_____
_____
_____
_____
_____
_____

Washington

_____
_____
_____
_____
_____
_____

Washington D.C.

_____
_____
_____
_____
_____
_____

we

white

White House

NOTAS

VOCABULARIO

VOCABULARIO GENERAL

READING VOCABULARY

PEOPLE
- Abraham Lincoln
- George Washington

CIVICS
- Americab flags
- Bill of Rights
- capital
- citizen
- city
- Congress
- country
- Father of Our Country
- government
- President
- right
- Senators
- state/ states
- White House

PLACES
- America
- United States
- U.S.

HOLIDAYS
- President's Day
- Memorial Day
- Flag Day
- Independence Day
- Labor Day
- Columbus Day
- Thanksgiving

QUESTION WORDS
- How
- When
- Who
- What
- Where
- Why

VERBS
- can
- do/does
- have/ has
- lives/ lived
- name
- vote
- come
- elects
- is/are/was/be
- meet
- pay
- want

OTHER (FUNCTION)
- a
- here
- of
- the
- we
- for
- in
- on
- to

OTHER (CONTENT)
- colors
- first
- many
- north
- people
- south
- dollar bill
- largest
- most
- one
- second

WRITING VOCABULARY

PEOPLE
- Adams
- Washington
- Lincoln

VOCABULARIO

CIVICS
- America Indians
- capital
- citizens
- Civil War
- Congress
- Father of Our Countru
- flag
- free
- freedom of speech
- President
- right
- Senators
- State/ States

PLACES
- Alaska
- California
- Canada
- Delaware
- Mexico
- New York City
- United Stated
- Washington
- Washington D.C.

MONTHS
- February
- May
- June
- July
- September
- October
- November

HOLIDAYS
- Presidents´Day
- Memorial Day
- Flag Day
- Independence Day
- Labor Day
- Columbus Day
- Thanksgiving

VERBS
- can
- elect
- is/ was/ be
- meets
- vote
- come
- have/ has
- lives/ lived
- pay
- want

OTHERS (FUNCTION)
- and
- for
- in
- on
- to
- during
- here
- of
- the
- we

OTHERS (CONTENT)
- blue
- fifty/ 50
- largest
- north
- one hundred/ 100
- red
- south
- white
- dollar bill
- first
- most
- one
- people
- second
- taxes

NOTAS

100 PREGUNTAS Y RESPUESTAS SOBRE EDUCACIÓN CÍVICA (VERSIÓN 2008)

Estas preguntas cubren temas importantes sobre el gobierno y la historia de Estados Unidos. El examen de civismo es un examen oral y el oficial de USCIS le pedirá que responda 10 de las 100 preguntas del examen de civismo.

Debe responder al menos 6 preguntas (o el 60%) correctamente para aprobar la versión 2008 del examen de educación cívica.

GOBIERNO ESTADOUNIDENSE

PRINCIPIOS DE LA DEMOCRACIA ESTADOUNIDENSE

1. ¿Cuál es la ley suprema de la nación?
- La Constitución

2. ¿Qué hace la Constitución?
- Establece el gobierno
- Define el gobierno
- Protege los derechos básicos de los ciudadanos estadounidenses

3. Las primeras tres palabras de la Constitución contienen la idea del auto gobierno (de que el pueblo se gobierna a sí mismo). ¿Cuáles son estas palabras?
- Nosotros, el pueblo

4. ¿Qué es una enmienda?
- Un cambio (a la Constitución)
- Una adición (a la Constitución)

5. ¿Con qué nombre se conocen las primeras diez enmiendas a la Constitución?
- La Carta de Derechos

6. ¿Cuál es un derecho o libertad que la Primera Enmienda garantiza?
- Expresión
- Religión
- Reunión
- Prensa
- Peticionar al gobierno

7. ¿Cuántas enmiendas tiene la Constitución?
- Veintisiete (27)

8. ¿Qué hizo la Declaración de Independencia?
- Anunció nuestra independencia (de Gran Bretaña)
- Declaró nuestra independencia (de Gran Bretaña)
- Dijo que los Estados Unidos se independizó (de Gran Bretaña)

9. ¿Cuáles son dos derechos en la Declaración de la Independencia?
- La vida
- La libertad
- La búsqueda de la felicidad

10. ¿En qué consiste la libertad de religión?
- Se puede practicar cualquier religión o no practicar ninguna.

11. ¿Cuál es el sistema económico de los Estados Unidos?
- Economía capitalista
- Economía de mercado

12. ¿En qué consiste el "estado de derecho" (ley y orden)?
- Todos deben obedecer la ley
- Los líderes deben obedecer la ley
- El gobierno debe obedecer la ley
- Nadie está por encima de la ley

SISTEMA DE GOBIERNO

13. Nombre una rama o parte del gobierno.
- Congreso
- Presidente
- Los tribunales
- Poder legislativo
- Poder ejecutivo
- Poder judicial

14. ¿Qué es lo que evita que una rama del gobierno se vuelva demasiado poderosa?
- Pesos y contrapesos
- Separación de poderes

15. ¿Quién está a cargo de la rama ejecutiva?
- El Presidente

16. ¿Quién crea las leyes federales?
- El Congreso
- El Senado y la Cámara (de Representantes)
- La legislatura (nacional o de los Estados Unidos)

17. ¿Cuáles son las dos partes que integran el Congreso de los Estados Unidos?
- El Senado y la Cámara (de Representantes)

18. ¿Cuántos senadores de los Estados Unidos hay?
- Cien (100)

19. ¿De cuántos años es el término de elección de un Senador de los Estados Unidos?
- Seis (6)

20. Nombre a uno de los senadores actuales del estado donde usted vive.
- Las respuestas variarán. [Los residentes del Distrito de Columbia y los territorios de los Estados Unidos deberán contestar que D.C. (o territorio en donde vive el solicitante) no cuenta con senadores a nivel nacional].

21. ¿Cuántos miembros votantes tiene la Cámara de Representantes?
- Cuatrocientos treinta y cinco (435)

22. ¿De cuántos años es el término de elección de un representante de los Estados Unidos?
- Dos (2)

23. Dé el nombre de su representante a nivel nacional.
- Las respuestas variarán. [Los residentes de territorios con delegados no votantes o los comisionados residentes pueden decir el nombre de dicho delegado o comisionado. Una respuesta que indica que el territorio no tiene representantes votantes en el Congreso también es aceptable].

24. ¿A quiénes representa un senador de los Estados Unidos?
- A todas las personas del estado

25. ¿Por qué tienen algunos estados más representantes que otros?
- (Debido a) la población del estado
- (Debido a que) tienen más gente
- (Debido a que) algunos estados tienen más gente

26. ¿De cuántos años es el término de elección de un Presidente?
- Cuatro (4)

27. ¿En qué mes votamos por un nuevo presidente?
- Noviembre

28. ¿Cómo se llama el actual Presidente de los Estados Unidos?
- Visite uscis.gov/es/ciudadania/actualizacionesalexamen para saber el nombre del Presidente de Estados Unidos.

29. ¿Cómo se llama el actual Vicepresidente de los Estados Unidos?
- Visite uscis.gov/es/ciudadania/actualizacionesalexamen para saber el nombre del Vice Presidente de Estados Unidos.

30. Si el Presidente ya no puede cumplir sus funciones, ¿quién se convierte en Presidente?
- El Vicepresidente

31. Si tanto el Presidente como el Vicepresidente ya no pueden cumplir sus funciones, ¿quién se convierte en Presidente?
- El Presidente de la Cámara de Representantes

32. ¿Quién es el Comandante en Jefe de las Fuerzas Armadas?
- El Presidente

33. ¿Quién firma los proyectos de ley para convertirlos en ley?
- El Presidente

34. ¿Quién veta los proyectos de ley?
- El Presidente

35. ¿Qué hace el Gabinete del Presidente?
- Asesora al Presidente

36. ¿Cuáles son dos puestos a nivel de gabinete?
- Secret. de Agricultura
- Secret. de Defensa
- Secret. de Energía
- Secret. de Seguridad Nacional
- Secret. de Comercio
- Secret. de Educación
- Secret. de Salud y Servicios Humanos
- Secret. de Vivienda y Desarrollo Urbano

- Secret. del Interior
- Secret. de Estado
- Secret. del Tesoro
- Procurador General
- Secret. del Trabajo
- Secret. de Transporte
- Secret. de Asuntos de los Veteranos
- Vicepresidente

37. ¿Qué hace la rama judicial?
- Revisa las leyes
- Explica las leyes
- Resuelve disputas (desacuerdos)
- Decide si una ley va en contra de la Constitución

38. ¿Cuál es el tribunal más alto de los Estados Unidos?
- La Corte Suprema

39. ¿Cuántos jueces hay en la Corte Suprema?
- Visite uscis.gov/es/ciudadania/actualizacionesalexamen para saber el número de jueces en la Corte Suprema.

40. ¿Quién es el presidente actual de la Corte Suprema de los Estados Unidos?
- Visite uscis.gov/es/ciudadania/actualizacionesalexamen para saber el nombre del Presidente del Tribunal Supremo de Estados Unidos.

41. De acuerdo a nuestra Constitución, algunos poderes pertenecen al gobierno federal. ¿Cuál es un poder del gobierno federal?
- Imprimir dinero
- Declarar la guerra
- Crear un ejército
- Suscribir tratados

42. De acuerdo a nuestra Constitución, algunos poderes pertenecen a los estados. ¿Cuál es un poder de los estados?
- Proveer escuelas y educación
- Proveer protección (policía)
- Proveer seguridad (cuerpos de bomberos)
- Conceder licencias de conducir
- Aprobar la zonificación y uso de la tierra

43. ¿Quién es el gobernador actual de su estado?
- Las respuestas variarán. [Los residentes del Distrito de Columbia deben decir "no tenemos gobernador"].

44. ¿Cuál es la capital de su estado?
- Las respuestas variarán. [Los residentes del Distrito de Columbia deben contestar que el D.C. no es estado y que no tiene capital. Los residentes de los territorios de los Estados Unidos deben dar el nombre de la capital del territorio].

45. ¿Cuáles son los dos principales partidos políticos de los Estados Unidos?
- Demócrata y Republicano

46. ¿Cuál es el partido político del Presidente actual?
- Visite uscis.gov/es/ciudadania/actualizacionesalexamen para saber el partido político al que pertenece el Presidente de Estados Unidos.

47. ¿Cómo se llama el Presidente actual de la Cámara de Representantes?
- Visite uscis.gov/es/ciudadania/actualizacionesalexamen para saber el nombre del Portavoz de la Cámara de Representantes.

DERECHOS Y RESPONSABILIDADES

48. Existen cuatro enmiendas a la Constitución sobre quién puede votar. Describa una de ellas.
- Ciudadanos de dieciocho (18) años en adelante (pueden votar).
- No se exige pagar un impuesto para votar (el impuesto para acudir a las urnas o "poll tax" en inglés).
- Cualquier ciudadano puede votar. (Tanto mujeres como hombres pueden votar).
- Un ciudadano de cualquier raza (puede votar).

49. ¿Cuál es una responsabilidad que corresponde sólo a los ciudadanos de los Estados Unidos?
- Prestar servicio en un jurado
- Votar en una elección federal

50. ¿Cuál es un derecho que pueden ejercer sólo los ciudadanos de los Estados Unidos?
- Votar en una elección federal
- Postularse a un cargo político federal

51. ¿Cuáles son dos derechos que pueden ejercer todas las personas que viven en los Estados Unidos?
- Libertad de expresión
- Libertad de la palabra
- Libertad de reunión
- Libertad para peticionar al gobierno
- Libertad de religión
- Derecho a portar armas

52. ¿A qué demostramos nuestra lealtad cuando decimos el Juramento de Lealtad (Pledge of Allegiance)?
- A los Estados Unidos
- A la bandera

53. ¿Cuál es una promesa que usted hace cuando se convierte en ciudadano de los Estados Unidos?
- Renunciar a la lealtad a otros países
- Defender la Constitución y las leyes de los Estados Unidos
- Obedecer las leyes de los Estados Unidos.
- Prestar servicio en las Fuerzas Armadas de los Estados Unidos (de ser necesario)
- Prestar servicio a (realizar trabajo importante para) la nación (de ser necesario)
- Ser leal a los Estados Unidos

54. ¿Cuántos años tienen que tener los ciudadanos para votar por el Presidente?
- Dieciocho (18) años en adelante

55. ¿Cuáles son dos maneras mediante las cuales los ciudadanos americanos pueden participar en su democracia?
- Votar
- Afiliarse a un partido político
- Ayudar en una campaña
- Unirse a un grupo cívico
- Unirse a un grupo comunitario
- Compartir su opinión acerca de un asunto con un oficial electo

- Llamar a los senadores y representantes
- Apoyar u oponerse públicamente a un asunto o política
- Postularse a un cargo político
- Enviar una carta o mensaje a un periódico

56. ¿Cuál es la fecha límite para enviar la declaración Federal de impuestos sobre ingresos?
- El 15 de abril

57. ¿Cuándo deben inscribirse todos los hombres en el Servicio Selectivo?
- A la edad de dieciocho (18) años
- Entre los dieciocho (18) y veintiséis (26) años de edad

ÉPOCA COLONIAL E INDEPENDENCIA

58. ¿Cuál es una razón por la que los colonos vinieron a América?
- Libertad
- Libertad política
- Libertad religiosa
- Oportunidad económica
- Para practicar su religión
- Para huir de la persecución

59. ¿Quiénes vivían en lo que hoy conocemos como los Estados Unidos antes de la llegada de los europeos?
- Indios americanos
- Nativos americanos

60. ¿Qué grupo de personas fue traído a los Estados Unidos y vendidos como esclavos?
- Africanos
- Gente de África

61. ¿Por qué lucharon los colonos contra los británicos?
- Debido a los impuestos altos (impuestos sin representación)
- El ejército británico estaba en sus casas (alojándose, acuartelándose)
- Porque no tenían gobierno propio

62. ¿Quién escribió la Declaración de Independencia?
- (Thomas) Jefferson

63. ¿Cuándo fue adoptada la Declaración de Independencia?
- El 4 de julio de 1776

64. Había 13 estados originales. Nombre tres.
- Nueva Hampshire
- Massachusetts
- Rhode Island
- Connecticut
- Nueva York
- Nueva Jersey
- Pensilvania
- Delaware
- Maryland
- Virginia
- Carolina del Norte
- Carolina del Sur
- Georgia

65. ¿Qué ocurrió en la Convención Constitucional?
- Se redactó la Constitución.
- Los Padres Fundadores redactaron la Constitución.

66. ¿Cuándo fue redactada la Constitución?
- 1787

67. Los escritos conocidos como "Los Documentos Federalistas" Respaldaron la aprobación de la Constitución de los Estados Unidos. Nombre uno de sus autores.
- (James) Madison
- (Alexander) Hamilton
- (John) Jay
- Publius

68. Mencione una razón por la que es famoso Benjamin Franklin.
- Diplomático americano
- El miembro de mayor edad de la Convención Constitucional
- Primer Director General de Correos de Estados Unidos
- Autor de "Poor Richard's Almanac" (Almanaque del Pobre Richard)
- fundó las primeras bibliotecas gratuitas

69. ¿Quién se conoce como el "Padre de Nuestra Nación"?
- (George) Washington

70. ¿Quién fue el primer Presidente?
- (George) Washington

DE LOS AÑOS 1800

71. ¿Qué territorio compró Estados Unidos a Francia en 1803?
- El territorio de Louisiana
- Louisiana

72. Mencione una guerra en la que peleó los Estados Unidos durante los años 1800.
- La Guerra de 1812
- La Guerra entre México y los Estados Unidos
- La Guerra Civil
- La Guerra Hispano-Estadounidense (Hispano-Americana)

73. Dé el nombre de la guerra entre el Norte y el Sur de los Estados Unidos.
- La Guerra Civil
- La Guerra entre los Estados

74. Mencione un problema que condujo a la Guerra Civil.
- Esclavitud
- Razones económicas
- Derechos de los estados

75. ¿Cuál fue una cosa importante que hizo Abraham Lincoln?
- Liberó a los esclavos (Proclamación de la Emancipación)
- Salvó (o preservó) la Unión
- Presidió los Estados Unidos durante la Guerra Civil

76. ¿Qué hizo la Proclamación de la Emancipación?
- Liberó a los esclavos
- Liberó a los esclavos de la Confederación
- Liberó a los esclavos en los estados de la Confederación
- Liberó a los esclavos en la mayoría de los estados del sur

77. ¿Qué hizo Susan B. Anthony?
- Luchó por los derechos de la mujer

- Luchó por los derechos civiles

HISTORIA ESTADOUNIDENSE RECIENTE Y OTRA INFORMACIÓN
HISTÓRICA IMPORTANTE

78. Mencione una guerra durante los años 1900 en la que peleó los Estados Unidos.
- La Primera Guerra Mundial
- La Segunda Guerra Mundial
- La Guerra de Corea
- La Guerra de Vietnam
- La Guerra del Golfo (Pérsico)

79. ¿Quién era el presidente durante la Primera Guerra Mundial?
- (Woodrow) Wilson

80. ¿Quién era presidente durante la Gran Depresión y la Segunda Guerra Mundial?
- (Franklin) Roosevelt

81. ¿Contra qué países peleó Estados Unidos en la Segunda Guerra Mundial?
- Japón, Alemania e Italia

82. Antes de ser presidente, Eisenhower era general. ¿En qué guerra participó?
- Segunda Guerra Mundial

83. Durante la Guerra Fría, ¿cuál era la principal preocupación de los Estados Unidos?
- Comunismo

84. ¿Qué movimiento trató de poner fin a la discriminación racial?
- (el movimiento de) derechos civiles

85. ¿Qué hizo Martin Luther King, Jr.?
- Luchó por los derechos civiles
- Trabajó por la igualdad de todos los ciudadanos americanos

86. ¿Qué suceso de gran magnitud ocurrió el 11 de Septiembre de 2001 en los Estados Unidos?
- Terroristas atacaron los Estados Unidos.

87. Mencione una tribu de indios americanos en los Estados Unidos.
[A los oficiales del USCIS se les dará una lista de tribus amerindias reconocidas a nivel federal].

- Cherokee
- Chippewa
- Apache
- Blackfeet
- Arawak
- Huron
- Crow
- Navajo
- Choctaw
- Iroquois
- Seminole
- Shawnee
- Oneida
- Teton
- Sioux
- Pueblo
- Creek
- Cheyenne
- Mohegan
- Lakota
- Hopi
- Inuit

GEOGRAFÍA

88. Mencione uno de los dos ríos más largos en los Estados Unidos.
- (El Río) Missouri
- (El Río) Mississippi

89. ¿Qué océano está en la costa oeste de los Estados Unidos?
- (Océano) Pacífico

90. ¿Qué océano está en la costa este de los Estados Unidos?
- (Océano) Atlántico

91. Dé el nombre de un territorio de los Estados Unidos.
- Puerto Rico
- Islas Vírgenes de Estados Unidos
- Samoa Estadounidense
- Islas Marianas del Norte
- Guam

92. Mencione un estado que tiene frontera con Canadá.
- Maine
- Nueva York
- Michigan
- Nueva Hampshire
- Pensilvania
- Minnesota
- Vermont
- Ohio
- Dakota del Norte

- Montana
- Idaho
- Washington
- Alaska

93. Mencione un estado que tiene frontera con México.
- California
- Arizona
- Nuevo México
- Texas

94. ¿Cuál es la capital de los Estados Unidos?
- Washington, D.C.

95. ¿Dónde está la Estatua de la Libertad?
- (el puerto de) Nueva York
- Liberty Island
- [Otras respuestas aceptables son Nueva Jersey, cerca de la Ciudad de Nueva York y (el Río) Hudson].

SÍMBOLOS

96. ¿Por qué hay 13 franjas en la bandera?
- Porque representan las 13 colonias originales
- Porque las franjas representan las colonias originales

97. ¿Por qué hay 50 estrellas en la bandera?
- Porque hay una estrella por cada estado
- Porque cada estrella representa un estado
- Porque hay 50 estados

98. ¿Cómo se llama el himno nacional?
- The Star-Spangled Banner

FESTIVOS

99. ¿Cuándo celebramos el Día de la Independencia?
- El 4 de julio

100. Mencione dos días feriados nacionales de los Estados Unidos.
- El Día de Año Nuevo
- El Día de los Presidentes
- El Día de la Independencia
- El Día de Cristóbal Colón
- El Día de Acción de Gracias
- El Día de Martin Luther King, Jr.
- El Día de la Recordación
- El Día del Trabajo
- El Día de los Veteranos
- El Día de Navidad

NOTAS

PREGUNTAS Y RESPUESTAS SOBRE EDUCACIÓN CÍVICA PARA LA CONSIDERACIÓN ESPECIAL 65/20 (VERSIÓN 2008)

El Servicio de Ciudadanía e Inmigración de Estados Unidos provee una consideración especial en la prueba de civismo a los solicitantes que tengan 65 años de edad o más al momento de presentar su solicitud de naturalización (Formulario N-400) y hayan sido residentes permanentes de los Estados Unidos por un mínimo de 20 años.

Estos solicitantes son elegibles para tomar el examen de civismo en el idioma de su elección. También se les concede el beneficio de tener que estudiar sólo 20 de las 100 preguntas de civismo que se utilizan para administrar la prueba de naturalización.

Para aprobar esta parte del examen solo debe contestar correctamente 6 preguntas de las 10 que le preguntara el agente.

1. ¿Cuál es un derecho o libertad que la Primera Enmienda garantiza?
- Expresión
- Religión
- Reunión
- Prensa
- Peticionar al gobierno

2. ¿Cuál es el sistema económico de los Estados Unidos?
- Economía capitalista
- Economía de mercado

3. Nombre una rama o parte del gobierno.
- Congreso
- Presidente
- Los tribunales
- Poder legislativo
- Poder ejecutivo
- Poder judicial

4. ¿Cuáles son las dos partes que integran el Congreso de los Estados Unidos?
- El Senado y la Cámara (de Representantes)

5. Nombre a uno de los senadores actuales del estado donde usted vive.
- Las respuestas variarán. [Los residentes del Distrito de Columbia y los territorios de los Estados Unidos deberán contestar que D.C. (o territorio en donde vive el solicitante) no cuenta con senadores a nivel nacional].

_____

6. ¿En qué mes votamos por un nuevo presidente?
- Noviembre

7. ¿Cómo se llama el actual Presidente de los Estados Unidos?
- Visite uscis.gov/es/ciudadania/actualizacionesalexamen para saber el nombre del Presidente de Estados Unidos.

_____   _____

8. ¿Cuál es la capital de su estado?
- Las respuestas variarán. [Los residentes del Distrito de Columbia deben contestar que el D.C. no es estado y que no tiene capital. Los residentes de los territorios de los Estados Unidos deben dar el nombre de la capital del territorio].

9. ¿Cuáles son los dos principales partidos políticos de los Estados Unidos?
- Demócrata y Republicano

10. ¿Cuál es una responsabilidad que corresponde sólo a los ciudadanos de los Estados Unidos?
- Prestar servicio en un jurado
- Votar en una elección federal

11. ¿Cuántos años tienen que tener los ciudadanos para votar por el Presidente?
- Dieciocho (18) años en adelante

12. ¿Cuál es la fecha límite para enviar la declaración federal de impuestos sobre ingresos?
- El 15 de abril

13. ¿Quién fue el primer Presidente?
- (George) Washington

14. ¿Cuál fue una cosa importante que hizo Abraham Lincoln?
- Liberó a los esclavos (Proclamación de la Emancipación)
- Salvó (o preservó) la Unión
- Presidió los Estados Unidos durante la Guerra Civil

15. Mencione una guerra durante los años 1900 en la que peleó los Estados Unidos.
- La Primera Guerra Mundial
- La Segunda Guerra Mundial
- La Guerra de Corea
- La Guerra de Vietnam
- La Guerra del Golfo (Pérsico)

16. ¿Qué hizo Martin Luther King, Jr.?
- Luchó por los derechos civiles
- Trabajó por la igualdad de todos los ciudadanos americanos

17. ¿Cuál es la capital de los Estados Unidos?
- Washington, D.C.

18. ¿Dónde está la Estatua de la Libertad?
- (el puerto de) Nueva York
- Liberty Island
- [Otras respuestas aceptables son Nueva Jersey, cerca de la Ciudad de Nueva York y (el Río) Hudson].

19. ¿Por qué hay 50 estrellas en la bandera?
- Porque hay una estrella por cada estado
- Porque cada estrella representa un estado
- Porque hay 50 estados

20. ¿Cuándo celebramos el Día de la Independencia?
- El 4 de julio

NOTAS

FOR MORE INFORMATION ABOUT AMERICAN CITIZENSHIP, PLEASE VISIT: WWW.USCIS.GOV/CITIZENSHIP

www.ingramcontent.com/pod-product-compliance
Lightning Source LLC
Chambersburg PA
CBHW012101090526
44592CB00017B/2648